Lesehefte für den Literaturunterricht

In neuer Folge herausgegeben von
Alfred C. Baumgärtner und Rainer Siegle

Spürnasen in Aktion

13 Krimirätsel

Zusammengestellt von
Friedhelm Brinkmeier

Ernst Klett Verlag
Stuttgart Düsseldorf Leipzig

Gedruckt auf Papier aus
chlorfrei gebleichtem Zellstoff,
säurefrei.

1. Auflage A 1 6 5 | 2004

Alle Drucke dieser Auflage können im Unterricht nebeneinander benutzt werden, sie sind untereinander unverändert. Die letzte Zahl bezeichnet das Jahr dieses Druckes.

Internetadresse: http://www.klett-verlag.de
Umschlag: Manfred Muraro, Stuttgart.
Gesamtherstellung: Wilhelm Röck, Weinsberg.
ISBN 3-12-262210-6

Inhalt

Hans Jürgen Press: Das geheimnisvolle Haus

Die „schwarze hand", das sind die fünf Meisterdetektive Felix, Adele, Rollo, Kiki m.E. und sein Eichhörnchen („m.E." heißt übrigens „mit Eichhörnchen").

Eine Stunde lang saß die „schwarze hand" mäuschenstill im Lufthafen und machte Schularbeiten. Rollo kaute an seinem Füllhalter und blickte nachdenklich durch die ungeputzten Fensterscheiben.
„Knacks", machte es da auf einmal. Kiki m.E. knackte seinem Eichhörnchen eine Nuss und spuckte die Schalen in eine leere Konservendose. Rollo runzelte die Stirn: „Schreibt man nun Lerche mit e oder ä?", flüsterte er. „Je nachdem, ob sie grau oder grün ist", antwortete Adele und lachte. „Ich meine natürlich so einen Vogel, wie da draußen auf dem – – – Donnerwetter! Das ist doch nicht möglich!" Rollo wischte an der Fensterscheibe. „Was ist nicht möglich?", fragte Felix. „Dass da drüben einer wohnt", antwortete Rollo, „das Haus steht doch seit drei Jahren leer!"
Die „schwarze hand" drängelte sich ans Fenster. „Das weiß doch jeder, dass in der Villa da gegenüber nur ein paar Ratten hausen", rief Kiki m.E. „Seht doch, Fenster und Türen sind verrammelt." – „Lass mich mal sehen", Adele schob ihre Nase dicht an die Fensterscheibe heran. Nach einer Weile sagte sie: „Ich glaube, Rollo hat Recht, in dem Haus ist wirklich jemand."

Was bewies, dass in dem geheimnisvollen Haus ein Mensch war?

Betreten verboten
BESUCHT DEN ZOO
Privat weg
Boots Keller

Lawrence Treat: Ende eines Bösewichts

Romano Rubitch war unzweifelhaft der meistgehasste Mann im ganzen Bezirk Endicott; er erhielt des Öfteren Morddrohungen, sogar von Kindern. Und so kam es, dass, als man sein Boot ohne ihn in der „Bucht des toten Mannes“ treiben fand, auf den Straßen so etwas wie ein Freudentanz vollführt wurde. Witwen und Waisen, die er durch falsche Spekulationen um ihre geringen Ersparnisse gebracht hatte, Freunde, die er hintergangen, Kaufleute, die er betrogen, und Frauen, deren Ehre er geraubt hatte, waren sich alle einig: Den wären wir endlich los, diesen miesen Rubitch! Und ob er durch einen Unfall ertrank oder von einem Wohltäter der Öffentlichkeit beiseite geschafft wurde oder aber der Gemeinde seine Schulden zurückzahlen wollte, indem er Selbstmord beging, war den meisten völlig gleichgültig. Doch der Sheriff des Distrikts war aufgrund seines Amtes zur Untersuchung des Falles verpflichtet und mühte sich redlich.

Alles, was er wusste, war: Rubitch war am Morgen des 17. Mai von zu Hause fortgegangen und zum Abendessen nicht zurückgekehrt. Und dass sein Boot am nächsten Morgen gefunden wurde, so wie es hier abgebildet ist. Wenn Sie der Sheriff wären, welche Schlüsse würden Sie ziehen?

Detective Sergeant Smith

Woher weiß der Detective Sergeant Smith, dass der Eigner an der Ermordung des Kapitäns zumindest beteiligt war?

Inspektor Sniff: Da ging ein Dieb

In der Nacht wurde alles Gold von Herrn Gaminos gestohlen, der mit seinem Diener allein lebt. Herr Gaminos war diese Nacht bei Freunden von Sniff und hatte seinem Diener für 24 Stunden freigegeben.
Sniff, alsbald herbeigerufen, beginnt sofort mit seinen Nachforschungen. Da es glücklicherweise am Vorabend geregnet hatte, kann Sniff anhand der Spuren den genauen Weg des Diebes rekonstruieren. Letzterer kam aus dem Wald und ging auch wieder dorthin zurück. Er stieg durch ein Fenster ein und durch ein anderes aus. Er hat den Schreibtisch, in dem das Gold aufbewahrt war, aufgebrochen (die Stelle ist mit einem Kreuz bezeichnet).
Herr Gaminos war mit niemandem befreundet, der gewusst hätte, dass er Gold besitzt. Also kann der Diebstahl nur von einem Vagabunden oder dem Diener verübt worden sein.

Welche der beiden Möglichkeiten würdest du wählen? Sniff weiß es schon. Und du?

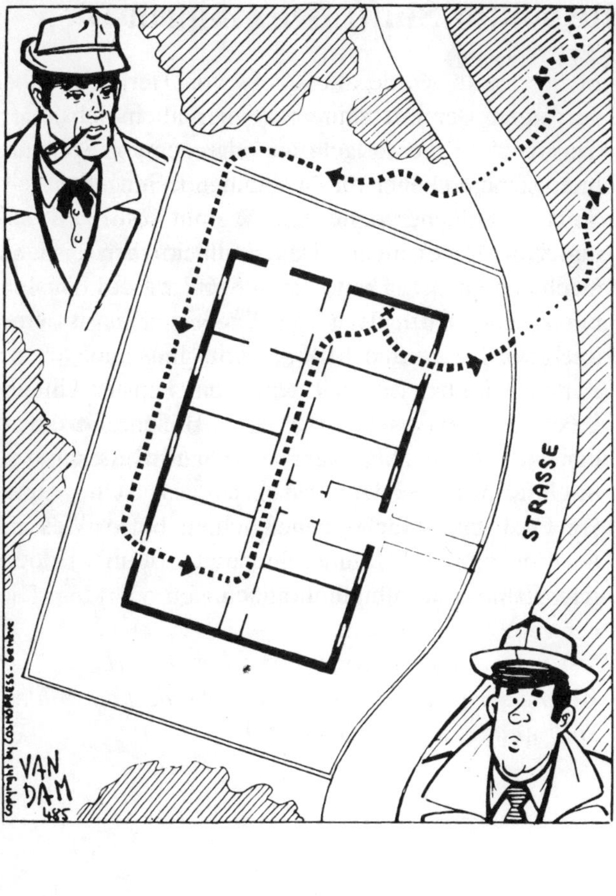
STRASSE
VAN DAM 485
Copyright by COSMOPRESS - Genève

Inspektor Sniff: Beim Angeln ertrunken

Ein Angler ist plötzlich verschwunden. Es ist ungewiss, ob er ins Wasser gefallen oder weggegangen ist, ohne irgendjemanden zu verständigen. Sniff, der sich sofort an Ort und Stelle begibt, stellt fest, dass der Angler nach seinem zweiten Frühstück um 10 Uhr verschwunden ist. Er war gegen 6 Uhr ans Wasser gekommen. Er pflegte um 10 Uhr einen Imbiss einzunehmen und gegen Mittag nach Hause zu gehen. Er nahm immer einen Liter Wein und ein Stück Fleisch mit und manchmal eine Büchse Sardinen oder eine Pastete. Man kam zu dem Schluss, dass es ein Unfall war, bei dem er ins Wasser rutschte – und man fand seine Leiche tatsächlich später im Wasser. Die Lösung des Unfalls überzeugte Sniff jedoch nicht. Etwas beunruhigte ihn noch.

Hast auch du etwas Ungewöhnliches bemerkt?

V.D.

Copyright by COSMOPRESS. Genève 490

Detlef Kersten: Kommissar Kniepel

Herr Nußbaum hatte vergangene Nacht unliebsamen Besuch. Ein Einbrecher hat ihm seine wertvolle Briefmarkensammlung gestohlen. „In diesem Schrank hatte ich meine Sammlung aufbewahrt. Der Dieb hat ihn wohl mit einem Dietrich geöffnet“, sagt Herr Nußbaum.

„Der Täter ist durch dieses Fenster eingedrungen, seh'n Sie nur, er hat meine schönen Blumen zertrampelt. Aber vielleicht schauen wir uns die Sache noch einmal von innen an, Herr Kommissar. Sicherlich finden Sie dort mehr Spuren!“

Noch jemand ist an der Aufklärung des Falles interessiert: Der Detektiv der Kulanz-Versicherungsgesellschaft (unterm Bett), die die Briefmarkensammlung mit 50 000 DM versichert hat. Bei einer so hohen Summe stellen Versicherungen eigene Nachforschungen an. Für Detektiv Brause ist der Fall klar:

„So, Herr Nußbaum, bitte unterschreiben Sie hier; bald werden Sie das Geld für die gestohlenen Briefmarken bekommen." „Sachte, sachte, Herr Brause. Haben Sie nicht gemerkt, dass Nußbaum sich selber ‚bestohlen' hat, um die Versicherungs-Prämie zu kassieren?"

Was ließ Kniepel an der Echtheit des Einbruchs zweifeln?

Erich Ballinger: Geheimschrift

Der berühmte Detektiv Auguste Dupin saß an seinem Schreibtisch und starrte auf ein Blatt Papier:

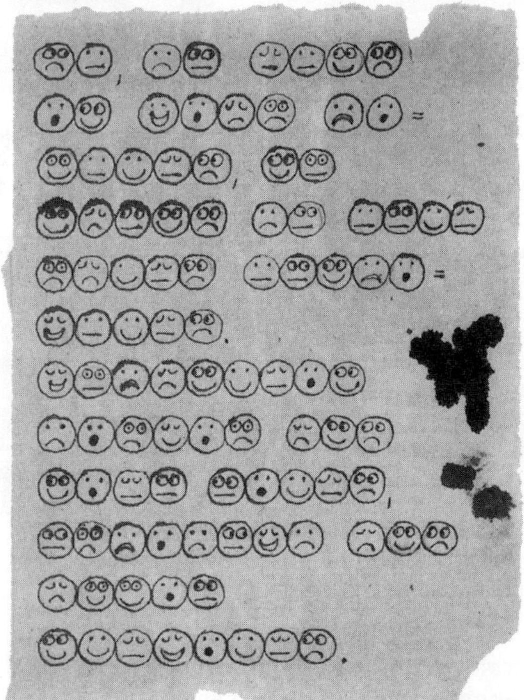

Er hatte es von einem österreichischen Kollegen bekommen, der es bei einer Hausdurchsuchung gefunden hatte, aber nichts damit anzufangen wusste. Auch Dupin dachte zuerst, es sei eine Kritzelei, eine Spielerei von einem Kind oder etwas Ähnliches. Bei längerem Hinsehen jedoch ahnte er, später wurde es ihm Gewissheit, dass dies eine Botschaft war, in Geheimschrift abgefasst.

Nun klemmte sich der berühmte Detektiv dahinter und dachte, kombinierte, analysierte und probierte, dass selbst vollintegrierte[1] Computerschaltkreise durchgeschmolzen wären, hätten sie da mithalten wollen. (So etwas gab es damals aber ohnehin noch nicht.)

Und er fand die Lösung. Er enträtselte diese Botschaft allein, ohne Hinweise und Hilfsmittel. Er ging von folgenden Grundsätzen aus:

1. Es gibt keine Geheimschrift, die nicht zu entziffern wäre.
2. Jedes Zeichen steht für einen Buchstaben. Gleiche Zeichen sind daher gleiche Buchstaben.
3. Die Zeichen zwischen zwei Abständen bilden ein Wort.
4. Die Botschaft ist in deutscher Sprache abgefasst.
5. Der häufigste Buchstabe in deutschen Texten ist das E. An zweiter Stelle folgt S, dann H und schließlich T. (Mit dieser Tatsache kann er nach Abzählung der Zeichen bereits dic Buchstaben E, S, H, T einsetzen.)
6. Zuerst bei kurzen Wörtern oder bei Wörtern, in denen der Großteil der Buchstaben vorhanden ist, zu rätseln beginnen!
7. Jeden neu gefundenen Buchstaben im gesamten Text einsetzen!
8. Geduld, Geduld, Geduld, Geduld, Geduld, Geduld.

---

[1] integrieren: eingliedern

Wolfgang Ecke: Das verräterische Tagebuch

In der Nacht zum 2. Januar 1970 brachen unbekannte Täter durch eine Kellertür in die Lager- und Verkaufsräume der renommierten Parfümerie ‚Reichle & Samtegger‘ in der Münchner Innenstadt ein. Sie entwendeten teure Parfüms und Essenzen im Wert von mehreren tausend Mark.

Die sofort eingeleiteten Nachforschungen verliefen zunächst ergebnislos, da es weder Fingerabdrücke noch sonstige verwertbare Spuren am Tatort gab. Doch bereits wenige Tage später begann sich der Nebel um den Einbruch zu lichten: Eine ältere Frau erschien auf der Polizei und gab zu Protokoll, dass ihr in der fraglichen Nacht vor dem Geschäft von ‚Reichle & Samtegger‘ ein junges Paar aufgefallen sei. Sie sagte aus:

„Gegen Mitternacht bin ich noch einmal zum Briefkasten gegangen. Auf dem Hinweg sah ich vor dem Geschäft ein junges Paar stehen. Sie schwiegen und rauchten. Als ich nach ungefähr zwanzig Minuten zurückkam, war nur noch das Mädchen zu sehen. Sie stand inmitten von mehreren Koffern.“

Soweit ihre Aussage. Sie erwähnte noch, dass sie sich nichts weiter dabei gedacht hätte. Erst als sie von der Geschichte in der Zeitung gelesen habe, sei ihr die Erinnerung an den Vorfall in jener Nacht wieder gekommen.

Das, wie gesagt, war der erste Lichtblick im Fall ‚Reichle & Samtegger‘.

Niemand ahnte zu diesem Zeitpunkt, dass er sechs

Stunden später so gut wie gelöst sein sollte.
Um 15 Uhr nämlich rief ein Kriminalbeamter aus Landshut an und sagte durch, dass man einen jungen Mann aufgegriffen habe, der in einigen Lokalen versucht hatte, teure Parfüms weit unter dem üblichen Preis an den Mann zu bringen. Von einem Mädchen in seiner Begleitung sei allerdings nichts bekannt.
Drei Stunden nach diesem Telefongespräch befand sich der Festgenommene bereits im zuständigen Kommissariat der Landeshauptstadt.
Nach weiteren zwei Stunden Verhör, es war inzwischen 20 Uhr geworden, gab Thomas Bichel den Kampf auf und unterschrieb sein Geständnis. Nur – von einem Mädchen als Komplizin wisse er nichts. Und dabei blieb er auch.
Inspektor Kramer zuckte mit den Schultern, gab Anweisung, Bichel ins Untersuchungsgefängnis zu bringen, und sagte ‚Gute Nacht'.

Am anderen Morgen war der Inspektor früher als üblich im Büro. Bevor sich Kriminalassistent Werder, sein Mitarbeiter, von seiner Überraschung erholt hatte, forderte ihn Kramer auf:
„Kommen Sie, Werder, wir schauen uns mal ein bisschen in Bichels heimatlicher Umgebung um. Ich hab so das Gefühl, als ob wir dabei erfahren könnten, wer seine Komplizin war."
Thomas Bichel, der in einem Lehrlings- und Gesellenheim wohnte, hatte zwar viele Bekannte, aber wenig Freunde. Trotzdem gelang es den beiden Beamten nach fast dreistündiger Fragerei, Name und Adresse eines Mädchens zu erhalten, das angeblich

Bichels Freundin war. Ihr Name war Gisela Kampner und wohnen sollte sie in der Ollendorfer Landstraße 127.

Es war kurz vor Mittag, als Inspektor Kramer und Kriminalassistent Werder an der Tür mit dem Schild KAMPNER klingelten.

Eine Frau im Mantel öffnete: „Bitte, Sie wünschen?“, fragte sie und aus ihren Augen sprach eine Mischung von Ablehnung und Argwohn.

Inspektor Kramer wies sich aus: „Wenn Sie Frau Kampner sind, dann hätten wir Sie gern einmal gesprochen.“

Die Frau nickte und ließ die beiden Männer ein. „Ich war eine Woche verreist und bin gerade erst zurückgekommen …“ Der Argwohn in ihren Blicken war jetzt ernster Sorge gewichen: „Ist was mit meiner Tochter Gisela?“

Der Inspektor antwortete mit einer Gegenfrage: „Ist sie nicht zu Hause?“

Frau Kampner schüttelte den Kopf. Und sie schüttelte ihn noch mehr, als sie erfuhr, unter welchem Verdacht ihre Tochter stand:

„Ich kenne keinen Thomas Bichel … und was Sie da sagen, Herr Inspektor … nein, das kann ich einfach nicht glauben … Hier, das lag auf dem Tisch!“

Inspektor Kramer nahm ihr den Zettel aus der Hand und las: „Liebe Mutti, ich bin zum Einkaufen gegangen. In der Thermosflasche ist heißer Kaffee. Wenn du gern wissen willst, was ich in der Woche gemacht habe, kannst du es in meinem neuen Tagebuch nachlesen. Bis später! Gisela“

Der Inspektor gab den Zettel zurück.

„Seit wann führt Ihre Tochter ein Tagebuch?"
Frau Kampner zuckte mit den Schultern und es sah ein wenig hilflos aus. „Wissen Sie … eigentlich verstehe ich das gar nicht … Gisela hat nie ein Tagebuch geführt … Es ist das erste Mal. Soll ich es holen?"
„Bitte!"
Zwei Minuten später war Frau Kampner mit einem kleinen schwarzen Heft zurück.
„Danke!", sagte der Inspektor, ließ sich auf einen Stuhl fallen und schlug das Heft auf. Dann las er laut vor:

MITTWOCH, 31. Dezember:
Mutti den 1. Tag weg. Ich habe bis mittags gearbeitet, bin anschließend ins Kino (Beatles-Film). Dann zu Elfriede, Silvester gefeiert. Um 1 Uhr nach Hause gegangen.

1. JANUAR:
Feiertag. Bis 11 Uhr geschlafen, dann Suppe gekocht und Brief an Christel geschrieben. Nachmittags die weiße Spitzenbluse gewaschen. Am Abend mit P. zum Tanzen gegangen. War genau Mitternacht zu Hause. Starke Kopfschmerzen.

2. JANUAR:
Noch immer Kopfschmerzen. Streit im Büro wegen neuer Lohnsteuerkarte. Nach der Arbeit Tante Anna angerufen. Um 21 Uhr ins Bett und gelesen.

3. JANUAR:
Mit Barbara nach Karten für Eisrevue gegangen. Dann spazieren gewesen in Hellabrunn. Ab 6 mit Barbara Fernsehen geguckt.

4. JANUAR:
Zuerst einkaufen gegangen. Erst Bäckerei, dann zu Metzger Hufschneider. Anschließend im Kaufhaus Nähseide für Bluse gekauft. Mittags auf Leopoldstraße Bratwurst gegessen. Nachmittags mit Barbara in Diskothek. Um 21 Uhr wieder zu Hause.

5. JANUAR:
Inspektor Kramer warf das Heft auf den Tisch: „Ab 5. Januar kein Eintrag mehr …“
Frau Kampner sah ihn mit großen Augen an: „Meinen Sie, Herr Inspektor, dass man das alles nachprüfen kann?“
Der Beamte lächelte: „Sicher. Manches wird auch stimmen. Das ändert jedoch nichts an der Tatsache, dass dieses … dieses Tagebuch eigens für die Polizei angefertigt wurde. Und das, Frau Kampner, war ein unverzeihlicher Fehler.“
„Aber wie wollen Sie das beweisen?“, rief Frau Kampner mit erstickter Stimme, während ihre Hände hilflos mit einem Stück Papier spielten.
Der Inspektor wies auf das Heft: „Den Beweis hat Ihre Tochter selbst geliefert. Sehen Sie sich das Geschriebene nur genau an. Ich bin sicher, daß Sie dann ebenfalls merken werden, welcher Irrtum Ihrer Gisela unterlaufen ist.“ Und da in diesem Augenblick von draußen der Schlüssel ins Schloss geschoben wurde, fügte er hinzu: „Sie selbst wird sich am meisten über diesen Fehler ärgern …“

Um welchen folgenschweren Irrtum in dem ‚Tagebuch‘ handelte es sich?

Wolfgang Ecke: Das Gesicht an der Scheibe

Nachdenklich, ein wenig zweifelnd und ein wenig ängstlich, sah Paul Demmler auf den Brief in seiner Hand. Sollte er ihn abschicken – oder sollte er ihn zerreißen?

Würde ihn Frank dann vielleicht für einen wunderlichen alten Mann halten, der auf seine alten Tage noch Gesichter zu sehen begann? Noch einmal überlas er das Geschriebene:

Lieber Frank!

Du bist der einzige Verwandte, den ich noch habe und dem ich schreiben kann. Vielleicht kannst du mir helfen. Hier geschehen sonderbare Dinge. Ich wäre auch schon längst zur Polizei gegangen, wenn ich nicht Angst hätte, dass man mich auslacht. Dabei ist mir alles andere als zum Lachen zumute. Ich hoffe sehr, dass du wenigstens meine Worte für ernst nimmst. Ich sagte schon, hier geschehen in letzter Zeit sonderbare Dinge.

Vor vier Wochen war es das erste Mal.

Ich saß abends in der Wohnstube auf dem Sofa und hörte Radio. Plötzlich drückte sich draußen ein Gesicht an die Scheibe. Ein Männergesicht. Ich war zuerst so erschrocken, dass ich mich gar nicht bewegen konnte. Ich schwöre dir, lieber Frank, es war kein Geist. Es war ein lebendiger Mann, der zu mir hereinsah. Und er verzog sein Gesicht ganz grässlich zu einer Grimasse. Ich bin dann mit einer Taschenlampe in den Garten gegangen, aber er war verschwunden.

Das alles wiederholte sich in den nächsten Tagen noch fünfmal. Manchmal klopfte es auch an die Scheibe. Und immer, wenn ich hinsah, presste sich dieses schreckliche Gesicht ans Glas. Und nun kommt etwas ganz Eigenartiges. Vorgestern war ich einkaufen, da sah ich das gleiche unheimliche Gesicht. Der Mann, dem es gehörte, telefonierte in einem Kaufhaus. Ich habe sogar seinen Namen verstanden: Hilder nannte er sich. Ich traute mich nicht ihn anzusprechen … Als er mich sah, grüßte er freundlich. Lieber Frank, was will dieser Hilder von mir? Ich kenne ihn nicht. Ich habe auch nie einen Hilder gekannt. Ja, und gestern Abend war er wieder da. Ich bin gleich nach oben gegangen. Was soll ich tun? Kannst du mir nicht helfen?

Dein Onkel Paul

Paul Demmler nickte stumm vor sich hin. Genauso war es. Dann gab er sich einen Ruck, klebte den Umschlag zu und trug ihn zum Briefkasten. Zweimal ertappte er sich dabei, wie er sich ängstlich umsah.

Dann begann Paul Demmler auf Antwort zu warten. Er wartete eine Woche, er wartete eine zweite Woche und – vielleicht hätte er sogar noch eine dritte Woche abgewartet, wäre nicht jener Sonntag gewesen …

Es begann alles sehr harmonisch. Nach dem Kirchgang war er bei Heinrich Erzner zum Mittagessen eingeladen gewesen. Erzner, ein ehemaliger Berufskollege, lud Paul Demmler regelmäßig einmal im Monat ein. Damit, wie er sich ausdrückte, der arme Witwer Demmler wenigstens einmal in vier Wochen zu einem vernünftigen Essen kam.

Anschließend hatten sie vier Stunden lang Schach gespielt. Und nach einem ausgedehnten Spaziergang war Demmler kurz vor 20 Uhr in sein kleines Einfamilienhaus zurückgekehrt.
Er sah sich einen Film im Fernsehen an und beschloss, nach den Spätnachrichten ins Bett zu gehen. Und dann geschah es wieder …
Es war 22 Uhr 50, im Fernsehen lief der Hinweis auf das Wetter, als Paul Demmler zur Seite sah. Das Gesicht. Das Gesicht war wieder da. Wie immer waren Mund und Nase fest an die Scheibe gepresst. Dann verzog sich der Mund zu einem widerlichen Grinsen. Demmler starrte wie hypnotisiert auf die Fratze. Er wollte sich erheben, doch seine Beine waren zentnerschwer. Plötzlich war das Gesicht verschwunden …
Nur langsam wich die Erstarrung von dem alten Mann. Hätte er ein Telefon in der Wohnung gehabt – diesmal hätte er davon Gebrauch gemacht und die Polizei gerufen.
Mit schweren Beinen und hängenden Armen schlurfte er nach oben zu seinem Schlafzimmer. In dieser Nacht fasste er einen Entschluss: Er würde nicht auf Franks Antwort warten. Er würde zu ihm hinfahren. Und zwar gleich morgen!

Es war schon dunkel, als der Zug in Breitenberg einlief. Paul Demmler nahm sich ein Taxi.
Noch während sich der Fahrer durch den Betrieb am Bahnhofsvorplatz schlängelte, versuchte sich Paul Demmler darüber klar zu werden, was er wohl machen würde, wenn sein Neffe nicht zu Hause wäre.

Er war froh, als er feststellen konnte, dass diese Sorge unbegründet war: In Franks Wohnung brannte Licht.

Er bezahlte das Taxi und drückte wenig später auf die Klingel.

Frank Demmler, ledig, Versicherungsagent, knapp unter dreißig Jahren, riss die Augen auf. Dann rief er fassungslos: „Nein, das ist nicht wahr … Mein Onkel Paul verreist …“

Paul Demmler umarmte seinen Neffen. Arm in Arm betraten sie Franks Junggesellenwohnung.

„Das ist wirklich eine Überraschung, Onkel Paul. An jeden hätte ich beim Klingeln gedacht. An ehemalige Schulfreunde, verlassene Freundinnen, den Gerichtsvollzieher und den Schornsteinfeger – aber niemals an dich …!“

Paul Demmler ließ sich in einen Sessel fallen und erwiderte: „Hättest du meinen Brief beantwortet, hättest du mich jetzt nicht auf dem Hals!“

Franks Gesicht war ein einziges Fragezeichen.

„Brief? Was für ein Brief, Onkel Paul?“

Diesmal war die Reihe erstaunt zu sein an Paul Demmler.

„Ich habe dir doch einen Brief geschrieben!“

„Wann?“

„Vor reichlich zwei Wochen!“

„Ich habe keinen Brief bekommen.“

„Bist du sicher?“ Der alte Mann wollte es nicht glauben.

„Hundertprozentig sicher. Außerdem bin ich seit fast vier Wochen zu Hause und habe jeden Tag die Post persönlich entgegengenommen … Nun mach mal nicht so ein bekümmertes Gesicht. Jetzt bist du ja da und kannst mir alles selbst erzählen … Willst du was trinken, was essen?“

Paul Demmler nickte: „Ein Bier würde ich jetzt ganz gern trinken. Hast du so was im Haus oder bist du bessere Sachen gewöhnt?“

Frank sprang auf: „Habe ich da! Ich trinke auch ab und zu ein Bier.“

Als das Bier dann auf dem Tisch stand, forderte Frank seinen Onkel auf: „Also, wo drückt der Schuh?“

Der alte Mann sah seinen Neffen lange und ernst an, bevor er fragte: „Frank, hältst du mich für einen alten Trottel, der plötzlich Gesichter sieht?“

Verblüffung, Verständnislosigkeit und schließlich Heiterkeit lösten sich nacheinander auf dem Gesicht des jungen Mannes ab. Und mit einem verschmitzten Grinsen zwinkerte er seinem Onkel zu: „Und ich hatte wirklich schon geglaubt, es sei etwas Ernstes.“

„Es war mir ernst mit meiner Frage, Frank!“, erwiderte Paul Demmler ein wenig heftig.

„Ich dachte, du wolltest dich über mich lustig machen“, verteidigte sich Frank.

„Dazu wäre ich wohl kaum so weit hergekommen.“

Frank Demmler versuchte einzulenken: „Also gut, Onkel Paul, ich halte dich für keinen alten Trottel, der plötzlich Gesichter sieht. Und jetzt sagst du mir, was das alles bedeuten soll.“

Eine ganze Weile saß der alte Mann in sich versunken da und grübelte vor sich hin. Dann sprach er: „Seit Wochen sehe ich immer wieder dasselbe Gesicht. Es drückt sich an die Scheiben. Mal in der Küche, dann in der guten Stube … Manchmal kratzt oder klopft er auch …“

„Was für ein Gesicht?“ In Frank Demmlers Stimme schwang Sorge mit und er blickte seinen Onkel aufmerksam an.

„Ein Männergesicht, Frank … Ein Männergesicht, das furchtbare Fratzen schneiden kann … Seit Wochen kommt er und raubt mir die Ruhe. Warum tut er das, Frank?“

Der Gefragte beugte sich vor. Mit aufmunternder Stimme fragte er: „Möchtest du vielleicht einen Kognak, Onkel Paul?“

Und er fuhr erschrocken zurück, als ihn der alte Mann anfuhr: „Ich wusste doch, dass auch du mich für verrückt hältst!“

„Aber nein, Onkel Paul!“, rief Frank beschwichtigend. „Davon kann doch keine Rede sein. Komm, erzähl weiter!“

Demmlers Hand fuhr wütend durch die Luft. „Was gibt’s da noch groß zu erzählen. Ich habe den Kerl ja sogar im Kaufhaus getroffen. Er hat ganz freundlich den Hut gezogen und ‚Guten Morgen‘ gesagt!“

„Und warum gehst du nicht zur Polizei?“

„Die glauben mir nicht!“

„Das weißt du doch gar nicht …“

„Ich will es aber nicht riskieren, dass sie sagen, ich sei hier oben nicht mehr ganz richtig. Oder glaubst du, dass sich einer der Polizisten tagelang zu mir in die Wohnung hockt und auf das Gesicht wartet?“

„Ich würde an deiner Stelle trotzdem Anzeige erstatten. Soll doch die Polizei sehen, dass sie diesen Hilder einfängt. Wozu zahlen wir Steuern? Die Polizei

ist verpflichtet, dafür eine Gegenleistung zu erbringen. Ich muss auch für mein Gehalt arbeiten!“
Paul Demmler hatte seinem Neffen aufmerksam zugehört. Jetzt nickte er: „Alles schön und gut. Was mache ich aber, wenn dieser Hilder einen guten Ruf und Zeugen hat, die beschwören, dass er der liebste und anständigste Mensch ist?“
Eine Weile war Schweigen zwischen den beiden Männern. Dann sagte Frank: „Geh doch mal zum Arzt, Onkel Paul. Vielleicht hast du wirklich was mit den Nerven … Da hockst du nun den ganzen lieben langen Tag allein in dem Haus und redest mit dir selbst … Vermiete oder verkaufe es und zieh in eine Etagenwohnung …“
Paul Demmler sah seinen Neffen mit einem enttäuschten Ausdruck in den Augen an. Und Wehmut schwang auch in seiner Stimme mit, als er sagte: „Gehen wir schlafen, Frank …“

Paul Demmler ließ sich nicht zum Bleiben bewegen, obgleich sich sein Neffe die größte Mühe gab, ihn für einige Tage dazubehalten.
Als er am nächsten Mittag wieder den Zug bestieg, tat er es mit der Gewissheit, dass ihn sein einziger Verwandter für einen alten Spinner und Geisterseher hielt.
Er ahnte nicht, dass diese Überzeugung ein Irrtum war. Dass die Wahrheit anders aussah, schlimmer, gemeiner. Er ahnte nicht, dass sein eigener Neffe, dass Frank Demmler selbst hinter den Dingen steckte. Dass er es war, der das Gesicht an der Scheibe gekauft hatte.

Aus welchem Grund? Nun, das wird wohl fürs Erste noch sein Geheimnis bleiben. Vielleicht aber reizte ihn auch das schmucke, kleine Einfamilienhaus, das sein Onkel besaß. Wer weiß …

Nun, welchen Fehler beging Frank Demmler?
Was überführte ihn der Lüge?
Womit und mit welcher Bemerkung hat er verraten, dass er mehr über den Mann hinter der Scheibe wusste, als er zugab?

Franz S. Sklenitzka: Delle im Blech

Es ist nicht viel los im Supermarkt, an diesem Nachmittag – trotzdem: an der Kasse heißt es warten. Vor Tamara steht ein dunkelhaariger junger Mann und vor dem Mann eine junge Mutter mit Kleinkind. Vor der Kasse ist ein Stand – mit Süßigkeiten in Augenhöhe. Das Kleinkind im Einkaufswagen schreit und brüllt und strampelt mit den Beinen, weil es eine Packung Schokoröllchen will und sich die Mutter weigert, die Röllchen zu kaufen.

Der Mann vor Tamara häuft inzwischen Bananen, Tomaten, Äpfel, einen Paprika, Kiwis, Birnen, Pfirsiche, eine Mangofrucht und eine riesengroße Ananas auf das Förderband. Obendrauf legt er einen Becher Eiscreme. Das Wasser läuft Tamara im Mund zusammen. Der macht wohl eine Vitaminkur, denkt sie.

Da dreht sich der junge Mann kurz nach ihr um. „So einen ungezogenen Balg sollte man besser zu Hause lassen", sagt er halblaut, deutet mit dem Kinn auf das brüllende Kind und lächelt Tamara flüchtig zu. Tamara weiß nicht, was sie antworten soll. Dafür entdeckt sie das flotte Bärtchen auf der Oberlippe des Obstkäufers. Schaut aus wie dieser Fernseh-Moderator, denkt Tamara.

Auf dem Parkplatz vor dem Supermarkt sieht Tamara den jungen Mann wieder. Aus einiger Entfernung beobachtet sie, wie er einen Karton im Kofferraum eines weißen Cabrios verstaut. Den leeren Einkaufswagen schubst er in Richtung Sammelstelle. Dann setzt er sich in sein Auto und beginnt genüsslich die Eiscreme zu löffeln.

Tamara schichtet inzwischen ihren Einkauf in den Korb auf dem Gepäckträger des Fahrrads. Puh! Gar nicht einfach, zwei Flaschen Milch, eine Tüte Chips, eine Packung Papiertaschentücher und eine Melone in einem Fahrradkorb so unterzubringen, dass die Ladung nicht gleich beim ersten Bremsmanöver im Straßengraben landet …

Da setzt sich plötzlich einer der Einkaufswagen in Bewegung, beginnt, von der Sammelstelle her, den abschüssigen Parkplatz hinabzurollen, wird langsam schneller. Er steuert genau auf eine Gruppe parkender Autos zu. Tamara sieht es. Die junge Mutter mit dem Kleinkind sieht es, aber sie kann ihren Jungen wohl nicht allein lassen. Tamara zögert, überlegt für Sekunden. Dann rennt sie los. Auf die Gefahr hin, dass ihr beladenes Rad umstürzt, dass die Milchflaschen zu Bruch gehen, dass die Melone auf dem Boden zerplatzt, läuft sie dem leeren Einkaufswagen nach. Das heißt, ganz leer ist er nicht. Der schmale Kassenzettel klemmt zwischen den Gitterstäben und ein einsames Salatblatt bewegt sich im Wind.

Tamara kommt zu spät, um Zentimeter, um eine Sekunde zu spät. Der Einkaufswagen knallt gegen ein Auto. Das weiße Cabrio hat den Ausreißer zum Stehen gebracht.

Wutentbrannt stürzt der Lenker aus seinem Wagen und beugt sich mit zornrotem Gesicht über den hinteren Kotschützer. Nicht zu übersehen: Der Wagen hat eine Delle im schneeweißen Blech.

Als Tamara mitfühlend den Schaden begutachten

will, brüllt sie der schnauzbärtige Cabriofahrer an: „Du bist wohl total verrückt! Kannst du nicht besser auf deinen Einkaufswagen aufpassen? Das wird dich teuer zu stehen kommen, kann ich dir sagen!“

Im ersten Augenblick ist Tamara sprachlos vor Verblüffung. Dann fasst sie sich ein Herz. „Hören Sie“, sagt das Mädchen, außer Atem vom Laufen und vor Aufregung. „Das … das war nicht mein Einkaufswagen. Das war Ihrer!“

„Auch noch frech werden, du Früchtchen! Da hört sich doch alles auf!“, schäumt der Schnurrbärtige und stemmt die Arme in die Hüften. „So billig kommst du mir nicht davon!“

„Es war Ihr Einkaufswagen“, sagt Tamara leise, aber fest. „Ich kann es beweisen. Hier!“

Der junge Mann stutzt, wird noch eine Spur röter. Dann steigt er wortlos in sein Cabrio, knallt die Tür zu und fährt mit quietschenden Reifen weg. Kopfschüttelnd kehrt Tamara zu ihrem Fahrrad zurück. So kann man sich täuschen, denkt das Mädchen. Dabei hat er wirklich nett ausgesehen, zuvor an der Kasse …

Wie konnte Tamara beweisen, dass es nicht „ihr“ Einkaufswagen war, der den Blechschaden verursachte?

Warum setzt sich keiner der Wagen in Bewegung und rast in das Cabrio?

H. P. Karr: Ein toter Taucher am Morgen

Vom Fenster des Schlafzimmers aus hatte man einen wunderbaren Blick auf den See, wie er mit seiner glatten Oberfläche in der Morgensonne lag. Hans Jung würde den Anblick nicht mehr genießen können. Er lag, voll bekleidet mit Shorts und Sandalen, quer über dem Bett. Und dort, wo sein rotes Polohemd am Kragen modisch offen stand, war eine Taucherharpune in seine Brust eingedrungen.

„Stilecht, möchte man beinahe sagen", meinte Kriminalassistent Benk mit zusammengebissenen Zähnen zu Kommissar Hansen. „Jung war Besitzer der Tauchschule, die Sie draußen sehen. Der Arzt hat die Todeszeit auf drei Uhr nachts festgelegt. Schussentfernung zirka zwei Meter. Der Mörder muss außerdem ein Tauchprofi gewesen sein, denn diese pressluftgetriebenen Harpunen sind nicht einfach zu bedienen."

Kommissar Hansen ging nachdenklich nach unten. Jungs zweigeschossiger Bungalow lag direkt am Seeufer. Die große Terrasse erweiterte sich zu einem breiten Steg, der ins Wasser führte. Hier lag auch das kleine Gebäude, in dem der Tauchunterricht abgehalten und die Geräte aufbewahrt wurden.

An der Außenwand machte Hansen unter einem Schutzdach eine ganze Batterie von Sauerstoffflaschen und Harpunen aus. Die Tatwaffe war dem Mörder also frei zugänglich gewesen.

„Jungs Schwester Hanna wartet auf uns. Sie ist auch Tauchlehrerin und lebte mit ihrem Bruder zusam-

men“, sagte Benk auf dem Weg. „Außerdem sind noch zwei Tauchschüler bei ihr, die für heute Morgen neun Uhr zu einer Prüfung antreten sollten. Bernt Bronnen, Besitzer der Segelschule vom anderen Seeufer, und Rolf Kobusch. Alle drei waren gestern Abend hier im Haus und haben hier übernachtet.“
Hanna Jung kam den Kriminalbeamten entgegen. Sie trug eine weiße Bluse und enge Jeans. Ihr Haar hatte sie zu einem Pferdeschwanz zusammengebunden.
Hinter ihr standen die beiden Männer, schwerfällig wie Marsmenschen in ihren dunklen Taucheranzügen mit Kopfmaske und Schwimmflossen.
„Finden Sie heraus, wer meinen Bruder ermordet hat“, sagte Hanna Jung. „Bitte, Herr Kommissar!“
Hansen schaute auf die Uhr. Es war halb zehn. „Wir sind erst seit zwanzig Minuten hier“, meinte er. „Geben Sie uns noch ein wenig Zeit. Wie haben Sie die Leiche gefunden?“
Statt Hanna Jung antwortete Bernt Bronnen. Die enge Tauchkombination brachte deutlich zum Vorschein, wie kräftig der Mittvierziger gebaut war. „Jung hatte uns für heute, Punkt neun Uhr, zur Tauchprüfung bestellt. Wir sollten uns fix und fertig mit unserer Ausrüstung einfinden.“
Er klopfte auf die Sauerstoffflaschen, die er neben sich stehen hatte. „Jung verlangte eben nicht nur von sich, sondern auch von seiner Schwester und seinen Schülern absolute Pünktlichkeit. Bei der Prüfung heute Morgen sollte jeder Schüler von einem Lehrer begleitet werden: Jung selbst wollte mit Kobusch runtergehen, Frau Jung mit mir.“
Kobusch nahm den Faden auf. „Ich traf Bronnen um

halb neun hier, als ich kam, um mich umzuziehen. Es dauert mindestens 20 Minuten, bis man die ganze Ausrüstung angelegt hat. Hanna kam Punkt neun, aber Jung blieb aus. Also ging ich ins Haus und fand ihn."

„Und was war gestern Abend?", erkundigte sich Hansen. „Da waren Sie doch auch hier?"

„Jung legte Wert auf persönlichen Kontakt mit seinen Schülern", sagte Kobusch. Er war Anfang Dreißig und wirkte wesentlich sportlicher als Bronnen. „Wir vier haben bis gegen ein Uhr zusammengesessen und ein paar Flaschen Sekt auf den Abschluss unseres Lehrgangs geleert." Er zögerte.

„Und?", fragte Hansen.

„Nun ja", meinte Kobusch. „Weil abzusehen war, dass wir etwas trinken würden und die Prüfung für neun Uhr morgens angesetzt war, sollten wir auch hier übernachten. Ich bin gegen ein Uhr auf mein Zimmer gegangen."

Hansen wandte sich an Hanna Jung. Neben den beiden Männern in ihren schwarzen Taucheranzügen wirkte sie in Bluse und Jeans klein und zerbrechlich. „Sie haben die Schule gemeinsam mit Ihrem Bruder betrieben, obwohl er als Alleineigentümer eingetragen ist?", fragte er sie.

Hanna nickte. „Ich habe mich von ihm einwickeln lassen. Mein ganzes Erbteil habe ich investiert, ohne dass ich als Mitbesitzerin eingetragen wurde."

„Außerdem mischte er sich in ihr Privatleben ein", sagte Bernt Bronnen. „Ich … bin mit Hanna verlobt. Jung versuchte mit allen Mitteln unsere Heirat zu verhindern."

„Wie denn?“, erkundigte sich Hansen.
„Er hatte erfahren, dass ich vorbestraft bin. Eine Bagatelle eigentlich, aber ich habe es verschwiegen, als ich die Konzession für meine Segelschule beantragt habe.“
„Jung hätte Sie also in den Ruin treiben können“, vermutete Hansen.
Bronnen nickte. „Aber trotzdem – ich habe ihn nicht umgebracht. Ich habe ihn letzte Nacht um eins zuletzt gesehen. Als ich heute um halb neun herunterkam, um mich für die Taucherprüfung anzuziehen, war Kobusch schon hier, fix und fertig in seinem Anzug.“
Kobusch nickte. Seine Lippen waren schmal. „Wenn Sie nach einem Motiv für den Mord suchen, werden Sie es ohnehin bald herausfinden, Kommissar“, sagte er schließlich. „Jung hatte einmal ein Verhältnis mit meiner Schwester Britta. Als er sie verließ, beging sie Selbstmord.“
Kriminalassistent Benk runzelte plötzlich die Stirn. „Richtig – hat man Sie nicht danach mit einer Pistole hier vor dem Haus verhaftet? Sie hatten vorher angekündigt sich an Jung rächen zu wollen?“
„Das ist jetzt ein Jahr her“, sagte Kobusch. „Mit der Zeit kann man vergessen. Ich gebe zu, dass ich den Tauchkurs belegt habe, um …“ Er brach ab. „Nun ja, es tut ja nichts zur Sache, was ich wollte.“
Hansen betrachtete den Mann zweifelnd.
„Können wir endlich diese lächerlichen Anzüge ausziehen?“, fragte Bronnen. „Ich nehme doch an, dass die Prüfung heute nicht mehr stattfindet?“
„Sicher!“, nickte Hansen. „Wie viele Stunden Unterricht hatten Sie eigentlich?“

„Jeder zehnmal zwei Stunden“, erwiderte Hanna Jung. „Das reicht für die Grundkenntnisse.“ Sie sah den beiden Männern nach, wie sie verschwanden, um sich umzuziehen.
„Sie haben in der Nacht keine ungewöhnlichen Geräusche gehört?“, fragte der Kommissar die junge Frau.
Sie überlegte. „Nein“, sagte sie dann. „Ich habe fest geschlafen.“
Hansen sah die junge Frau an. Er hatte ausreichend Zeit sie zu betrachten, denn es dauerte einige Zeit, bis Bronnen und Kobusch umgezogen aus der Kabine kamen.
Jeder von ihnen kam für den Mord in Frage. Aber nur einer von ihnen war der Täter. Und wie jeder Mörder hatte er einen großen Fehler gemacht.

Wer tötete Hans Jung?
Hanna Jung?
Bernt Bronnen?
Rolf Kobusch?

John Miller: Überfall am frühen Morgen

Der Lift erklomm langsam die 14. Etage. Inspektor Carter und Sergeant Graham betrachteten die eindrucksvolle Büroflucht von Layton & Layton. Zwischen den beiden Beamten ging der etwas zu klein geratene George Spencer.

Spencer machte einen betrübten Eindruck – und das aus gutem Grund. Sein grauer Filzhut verbarg den dicken Verband, der seinen Kopf zierte – die Erinnerung an den Schlag, den ihm vor gut einer Stunde ein habgieriger Zeitgenosse in einer Seitenstraße unweit des Bürogebäudes verpasst hatte.

Als die drei das Vorzimmer betraten, kam ihnen eine ebenso dünne wie geschäftige Gestalt entgegen, die sich als Fergus Miller vorstellte. „Mein lieber Freund, wie fühlen Sie sich jetzt?“, wandte er sich mit ausgestreckten Händen Spencer zu. „Das muss ja fürchterlich für Sie gewesen sein. Geht es Ihnen wieder besser?“

Sergeant Graham dämpfte das überschwängliche Mitgefühl Millers: „Ich bitte Sie, wir möchten von Ihnen nur einige Einzelheiten wissen … das heißt, soweit sie Ihnen geläufig sind.“

„Aber natürlich, meine Herren“, entschuldigte sich Miller.

Er führte alle drei in ein anschließendes Büro und stellte dort zwei weitere Angestellte vor. „Das ist Basil Moon, unser Hauptkassierer, und dies ist Eleanor Robinson, seine Sekretärin.“

Fräulein Robinson trippelte eilig zu ihrer Schreibmaschine, während sich Carter mit seiner Frage an Moon wandte: „Sie kamen heute um 9 Uhr ins Büro, ist das richtig?“

Moon war ein gutaussehender kräftiger Dreißiger. „Ganz recht, das ist unser üblicher Bürobeginn. Und um 9.30 Uhr brachte ich die Tageseinnahmen von gestern im Aufzug nach unten, ebenfalls wie üblich. Es waren fast 20 000 Pfund. Ich übergab sie dem Boten der Geldtransportfirma und fuhr wieder nach oben.“

Im Hintergrund huschte Miller geschäftig hin und her. „Ach bitte“, wandte sich Carter an ihn, „wann sind Sie denn heute Morgen gekommen – auch um neun?“

„Nein, ich fange für gewöhnlich eine Viertelstunde früher an. Aber heute Morgen. Also ehrlich, ich kann Ihnen nicht sagen, wann die anderen kamen. Ich war in meinem Büro und habe sie nicht gesehen.“

Sergeant Graham kaute nachdenklich auf seinem Bleistift. „Aber Sie, Fräulein Robinson, Sie kamen zu spät heute?“

Die Sekretärin errötete bei dieser Feststellung: „Ja, ich … äh, mein Gott – und ausgerechnet heute bei all dieser Aufregung!“

Als sie wieder mit Spencer allein im Foyer des Bürohauses waren, bat ihn Inspektor Carter, die Ereignisse noch einmal genau zu rekapitulieren.

„Ich begann um neun zu arbeiten und sollte genau um halb zehn hier sein“, fing Spencer an. „Ich war zum ersten Mal bei Layton und sollte am Hauptlift im Parterre warten. Dann kam ein Angestellter der Firma mit der Geldbombe herunter. Er erkannte mich

an meiner Uniform. Ich zeigte ihm meinen Ausweis, worauf er mir die Geldbombe übergab.
Unterwegs wurde ich dann in dieser menschenleeren Seitenstraße von hinten niedergeschlagen. Ich sah meinen Gegner nicht einmal … dann wurde ich ins Krankenhaus gebracht. Später wurde ich nach Hause entlassen, zog meine Zivilkleider an und wartete auf Sie."
Inspektor Carter und Sergeant Graham gingen einige Schritte zur Seite und tuschelten geheimnisvoll.
„Jeder der drei im Büro hätte es getan haben können, Herr Inspektor", tat Graham kund. „Vielleicht aber hat Spencer auch alles nur inszeniert."
„Mein lieber Graham", sagte Carter scharf, „Sie haben doch hoffentlich bemerkt, dass einer von ihnen einen kapitalen Fehler begangen hat?"

Wer ist der Täter?

H. P. Karr: Mörder können nicht an alles denken

Es war schwül und sicher würde es bald regnen, aber das war nicht der Grund, warum Brenner nervös war.

Seine Hand zitterte, als er sich am Barwagen einen Whisky eingoss. Zwei Eiswürfel klirrten im Glas.

Kommissar Roloff sah sich in der Wohnhalle des eleganten Vorstadtbungalows um. Parkettboden, helle Teppiche, teure Möbel aus der Designerwerkstatt. Die herausgerissenen Schubladen und verstreuten Bücher, Schallplatten und Videokassetten wirkten eher wie ein modischer Akzent und nicht wie die Spuren eines Einbruchs. Das Telefon lag zerbrochen auf dem Boden.

Marei Brenner war mit ihren 42 Jahren immer noch eine schöne Frau mit langem, blondem Haar und einem vollen, sinnlichen Mund gewesen. Jetzt lag sie mit einer Schusswunde in der Brust neben der Tür auf dem Boden. Todesursache: Schuss aus einer großkalibrigen Waffe aus knapp drei Metern Entfernung. Todeszeit gegen vier Uhr nachmittags. Vor einer halben Stunde also.

„Ich kam aus dem Laden …“, sagte Brenner jetzt und leerte sein Glas mit einem Zug. „Als ich in die Garage fuhr, hörte ich einen Schuss. Ich lief ins Haus und fand sie. Im gleichen Moment kam auch Gerlinde Hoffmann durch den Garten herüber …“ Er zögerte. „Ich bin dann zu ihr hinüber, um die Polizei anzurufen.“

Kommissar Roloff nickte. „Beruhigen Sie sich erst

einmal." Er sah dem Mann von der Spurensicherung zu, der die Glassplitter aus der Scheibe der Terrassentür zusammenklaubte, die innen auf dem Parkett lagen. Andere fotografierten die lehmigen Fußspuren auf dem blanken Holz. Gummistiefel, Größe 43, schätzte der Kommissar.

„Marei hatte mich gegen halb vier angerufen", sagte Brenner. „Sie hatte Angst, weil ein Mann ums Haus herumschlich …"

Roloff nickte wieder. Sein Assistent Fuchs war unterwegs, um Brenners Angaben nachzuprüfen. Angeblich hatte er seinen Laden gegen Viertel vor vier verlassen, um nach Hause zu fahren. Brenner verkaufte Bürocomputer.

Ein Spurensicherer stäubte schwarzen Staub auf alle glatten Flächen.

„Fingerabdrücke?", fragte Roloff.

„Nichts", meinte der Mann. „Weder am Bücherregal noch an der Schrankwand. Auch das Telefon ist blitzblank."

„Die Putzfrau war heute hier", sagte Brenner vom Barwagen her. „Sie kommt immer mittwochs, von neun bis zehn Uhr."

Kommissar Roloff ging die Fakten durch. Berger hatte um 16.05 Uhr den Vorfall über den Notruf 110 gemeldet. Die erste Funkstreife war fünf Minuten später am Tatort, eine Viertelstunde danach war Roloff mit der Mordkommission eingetroffen.

Alles schien klar zu sein. Die zerbrochene Scheibe, die Unordnung, die Fußspuren und die tote Frau in der Tür. In der letzten Zeit hatte es in der Gegend eine Reihe von Einbrüchen gegeben.

Marei Brenner hatte den Einbrecher ertappt, der Mann war in Panik geraten und hatte geschossen. Nur störte Roloff, dass die anderen Einbrüche stets nachts verübt worden waren.

Einer der Streifenpolizisten brachte eine hübsche rotblonde Frau herein.

„Gerlinde Hoffmann", sagte sie. „Ich wohne nebenan."

„Sie haben den Schuss gehört?", fragte Roloff.

Sie nickte. „Ja. Und heute Vormittag ist ein Mann hier um die Häuser herumgestrichen. Circa 25 Jahre alt, groß, dunkelhaarig, gelbes T-Shirt, Jeans und Turnschuhe." Sie machte eine Pause. „Ich habe mir nichts dabei gedacht … auch nicht, als ich gegen vier Uhr den Schuss hörte. Es war gerade in dem Moment, in dem Herr Brenner in die Garage fuhr."

„Sie sind mit den Brenners befreundet?", fragte der Kommissar plötzlich.

„Eher mit Herrn Brenner." Gerlinde warf Brenner einen schnellen Blick zu. „Marei war eifersüchtig."

„Mit Grund?", fragte Roloff.

„Ihrer Meinung nach schon, unserer Meinung nach nicht", mischte Brenner sich ein. „Gerlinde … Frau Hoffmann ist viel allein, seit ihr Mann gestorben ist. Ich habe mich mit ihr häufiger wegen einer Beteiligung an meinem Laden unterhalten."

Roloffs Assistent Fuchs kam zurück. „Die Fahrt von Brenners Geschäft bis hierher dauert mindestens 15 Minuten", sagte er. „Seine Angestellte bestätigt, dass er um 15.50 Uhr losgefahren ist. Er hat gesagt, dass er sich Sorgen um seine Frau mache, weil sie ihm am Telefon von einem Mann erzählt habe, der ums Haus

herumschlich. Das deckt sich mit unseren Zeiten: Er hat die Polizei um 16.05 Uhr angerufen."
„Sie haben angenommen, dass er den Einbruch vorgetäuscht und seine Frau selbst erschossen hat, nicht wahr?", fragte Roloff seinen Mitarbeiter. „Aber in den fünf Minuten, bis die Funkstreife eintraf, hätte er nicht diese Unordnung hier anrichten können."
„Ich traue ihm nicht", sagte Fuchs. „Seine Verkäuferin hat mir nämlich auch den Klatsch erzählt. Angeblich hat Brenner ein Verhältnis mit Gerlinde Hoffmann. Sie hat viel von ihrem Mann geerbt und er braucht dringend Geld!"
Roloff überlegte. „Brenner und die Hoffmann haben zusammengearbeitet", sagte er dann plötzlich. „Gerlinde Hoffmann hat Marei Brenner ungefähr kurz vor vier erschossen und dann den Einbruch vorgetäuscht. Brenner fuhr wie abgesprochen um 15.50 Uhr von seinem Laden weg, um seine tote Frau zu ‚entdecken'."
„Wir müssen nur beweisen, dass Brenner lügt", sagte Fuchs skeptisch.
Roloff sah ihn an. „Wir können es", meinte er.

Welchen Fehler hat Kurt Brenner gemacht?

Was ist hier geschehen? Schreibt selbst einen Krimi!

1. Engpass „Romantischer Winkel“ als Falle

Marktplatz – Gedränge – Tasche – Fernrohr – Luftballon – Treppe – roter Golf

Bad Essen (Ortskern)

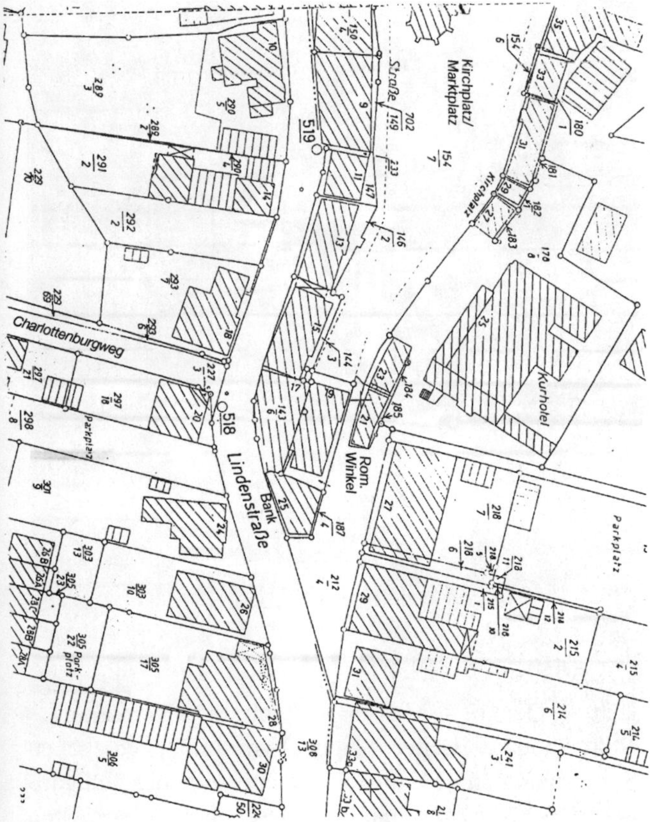

2. Treffpunkt „Alte Mühle“

Zelt – Decke – Messer – Feuer – Plastiktüten – Motorräder – Leiter (Tipp: Vom höher gelegenen Schwanenteich (Mühlenteich) und von der Fußgängerbrücke aus kann man das Geschehen an der Alten Mühle beobachten, ohne selbst gesehen zu werden.)

Bad Essen am Wiehengebirge (Alte Mühle)

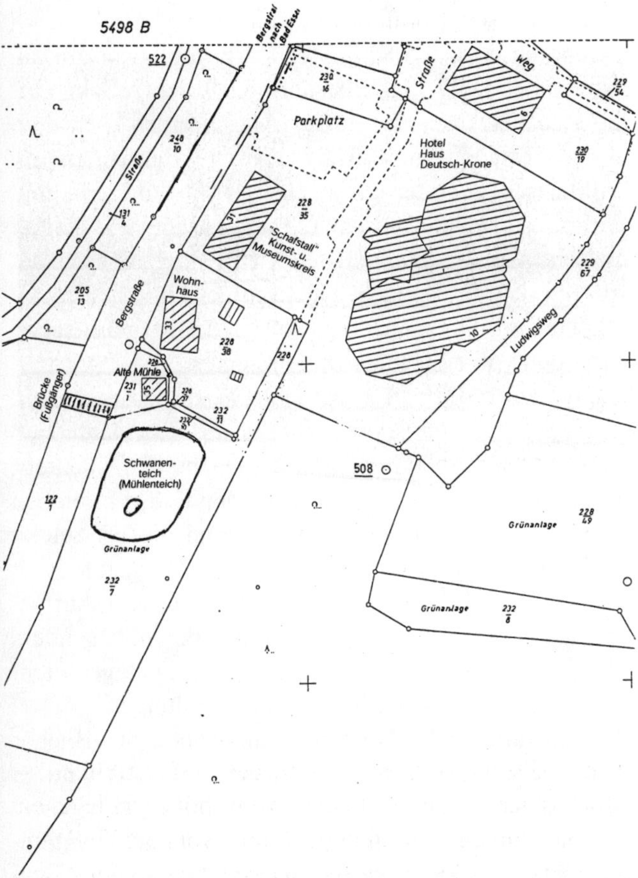

Kurzbiografien einiger Autoren

Ecke, Wolfgang (1927–1983)

Der Autor schreibt über sich selbst:
„Geboren dort, wo Karl May starb, und zwar am 24. November 1927. Schulbesuch, da Pflicht. ‚Sehr gut' in Deutsch und Geografie. Alle übrigen Zensuren nicht überlieferungswürdig. Mit 13 Jahren in ein militärisches Internat. Außer Marschieren und Strammstehen auch Klavier, Schlagzeug und Fagott gelernt. Gelungener Versuch, den Krieg unbeschadet zu überleben. Danach Hochschule für Musik und Theater in Dresden. Bereits 1946 aus politischen Gründen von der Hochschule relegiert."
Zwischen 1945 und 1952 lebte Ecke „abwechselnd überall und in Dresden". Anfang der 70er Jahre ließ er sich mit seiner Frau und seinen beiden Töchtern (und zwei afghanischen Windhunden und zahlreichen Katzen) im bayerischen Alpenvorland nieder; zuletzt wohnte er oberhalb des Staffelsees in Murnau.
Seine Werke beziehen ihre Spannung aus der Aufforderung zum Mitdenken, zum Hinterfragen, besonders durch lebendige und oft humorvolle Dialoge, nicht aber durch sensationelle Gewaltdarstellungen.
Er hat über 600 Hörspiele und über 50 Bücher geschrieben, die in viele Sprachen übersetzt worden sind.
Darüber hinaus war er Mitarbeiter bei Radiosendern, Jugendzeitschriften; er produzierte Platten und auch einige Fernsehfilme.

Für mehr als fünf Millionen verkaufter Taschenbücher erhielt der Autor fünfmal die Auszeichnung das „Goldene Taschenbuch“.

Karr, H. P.

Der Autor zeigte bereits mit Beginn des Lesealters eine höchst bedenkliche Neigung zur Kriminalliteratur. Im Laufe seiner Adoleszenz gelang es ihm, seine ungewöhnliche Vorliebe für Geschichten über Mord und Totschlag erfolgreich zu kommerzialisieren. Mit seinen Kriminalstorys zum Selberlösen regt er zahllose Krimi-Fans zum Mitdenken, Kombinieren und Hinterfragen an.
Karr hält sich wahrscheinlich im Ruhrgebiet auf; sachdienliche Hinweise nimmt der Verlag entgegen.

Press, Hans Jürgen

Als Autor bekannt geworden durch die „Abenteuer der schwarzen hand“, Kurzkrimis zum Selberlösen mit Bild und Text, die unter der Mitarbeit von Fritz Raab in der Kinderbeilage „Sternchen“ des Stern-Magazins erstmals veröffentlicht worden sind.

Sklenitzka, Franz S.

Geboren 1947, zählt zu den bekanntesten Kinder- und Jugendbuchautoren Österreichs. Seine Bücher, die er auch selbst illustriert, wurden in mehrere Sprachen übersetzt und erhielten zahlreiche Auszeichnungen.

Treat, Lawrence

Er wurde in den USA mit mehreren Büchern

bekannt; darüber hinaus verfasste er ungezählte Kurzgeschichten. Er war Präsident der „Mystery Writers of America". 1965 erhielt er den „Edgar-Preis" für die beste Criminal-Kurzgeschichte, 1978 den „Special Edgar". Er lebt auf Martha's Vineyard, USA.

Text- und Bildquellenverzeichnis

S. 4: Hans Jürgen Press: Das geheimnisvolle Haus. Aus: Hans Jürgen Press: Die Abenteuer der „schwarzen hand". Ravensburger Buchverlag, Ravensburg 1987, S. 6f.

S. 6: Lawrence Treat: Ende eines Bösewichts. Aus: Lawrence Treat: Detektive auf dem Glatteis. DuMont Buchverlag, Köln 1984, S. 20f.

S. 8: Detective Sergeant Smith. Aus: Stafette. Das Jugendmagazin, Nr. 9. Sailer Verlag, Nürnberg 1989, S. 85. © Redaktionsbüro Terence Green

S. 10 ff.: Inspektor Sniff: Da ging ein Dieb + Beim Angeln ertrunken. Aus: Günther Einecke: Schüler sehen und sprechen 1. Metzler, Stuttgart 1979, S. 17f. Trotz intensiver schriftlicher und mündlicher Recherche konnte die Quelle der beiden Abbildungen nicht eindeutig geklärt werden. Sollte jemand eine Urheberschaft mit Rechtsanspruch nachweisen können, so ist der Ernst Klett Verlag bereit, eine angemessene Vereinbarung zu treffen.

S. 14: Detlef Kersten: Kommissar Kniepel. Aus: Detlef Kersten: Kommissar Kniepel, Bd. 1. Otto Maier Verlag, Ravensburg 1985, S. 14–17. © Velber Verlag, Seelze

S. 18: Erich Ballinger: Geheimschrift. Aus: Erich Ballinger: ABC für Mini-Detektive. Ein Leselexikon. Verlag Ueberreuter, Wien/Heidelberg 1987, S. 86f.

S. 20: Wolfgang Ecke: Das verräterische Tagebuch. Aus: Wolfgang Ecke: Der Mann in Schwarz. Otto Maier Verlag, Ravensburg 1972, S. 7–13

S. 25: Wolfgang Ecke: Das Gesicht an der Scheibe. Aus: Wolfgang Ecke: Das Gesicht an der Scheibe. Otto Maier Verlag, Ravensburg 1972, S. 7–14

S. 33: Franz S. Sklenitzka: Delle im Blech. Aus: Franz S. Sklenitzka / Wolfgang Wagerer (Hrsg.): Auf den zweiten Blick. Verlag Niederösterreichisches Pressehaus, St. Pölten 1993

S. 36: H. P. Karr: Ein toter Taucher am Morgen. Aus: H. P. Karr: Das Morden geht weiter. Rowohlt Verlag, Reinbek bei Hamburg 1992, S. 113–116

S. 41: John Miller: Überfall am frühen Morgen. Aus: Prisma. Wochenmagazin zur Zeitung, Düsseldorf 1989. © Ludwig Bulls Pressedienst

S. 44: H. P. Karr: Mörder können nicht an alles denken. Aus: H. P. Karr: Mord. Rowohlt Verlag, Reinbek bei Hamburg 1991, S. 43–45

S. 48: Postkarte „Romantischer Winkel“ Bad Essen. Krapohl-Verlag, Grevenbroich

S. 50: Postkarte „Alte Mühle“ Bad Essen. Type Art Satz & Grafik GmbH, Dortmund

Lösungen

S. 4: Aus dem gegenüberliegenden Haus steigt Rauch aus dem Schornstein.

S. 6: Das angebrochene Ruder, die fehlende Ruderdolle, die verschüttete Farbe und das Durcheinander von Fußabdrücken lassen auf einen Kampf schließen. Zudem ist der Benzinschlauch mit einem geraden Schnitt durchtrennt worden.
Allerdings ist dieser Kampf nur vorgetäuscht: Es sind zwei verschiedene Fußabdrücke zu sehen: Die einen bestehen aus einem Paar mit gleichem Profil, die andere Spur weist nur Abdrücke eines linken Schuhs auf. Es ist also anzunehmen, dass dieser linke Schuh bewusst benutzt wurde, um einen Kampf vorzutäuschen.
Romano hat offensichtlich die Spuren eines Kampfes vorgetäuscht und sich dann wahrscheinlich mit allem Geld, das er auftreiben konnte, aus dem Staub gemacht, um ein neues Leben anzufangen.

S. 8: Der Schiffseigner weiß, dass es sich bei dem Toten um den Kapitän handelt, ohne dass es ihm jemand gesagt hat.

S. 10: Der Diener kennt sich in dem Haus aus. So wählt er nach dem Einbruch den direkten Weg zu dem Raum, in dem der Schreibtisch steht.

S. 12: Die Weinflasche des Anglers ist noch ganz voll. Und sein Glas ist ebenfalls voll Rotwein. Dieses Glas musste also offensichtlich nicht aus seiner Flasche gefüllt worden sein, sondern aus einer anderen. Sniff wird sich also bemühen, eine andere Person zu finden, die mit dem Opfer Wein getrunken hat.

S. 14: Herr Nußbaum hat die Fensterscheibe selbst eingeschlagen – und zwar von innen. Scherben fallen immer in Schlagrichtung: hier also in den Garten.

S. 18: JA, DU HAST ES FEIN GE= MACHT, SO WIRST DU AUCH NICHT AUSGE= LACHT. LOGISCHES DENKEN IST SEHR RECHT, UNGEDULD IST IMMER SCHLECHT

S. 20: Der sogenannte folgenschwere Irrtum in dem konstruierten Tagebuch hängt mit den Daten zusammen:
Wenn der 31. Dezember ein Mittwoch ist, führt kein Weg daran vorbei, dass es sich bei dem 4. Januar um einen Sonntag handelt. Und am Sonntag haben bekanntlich alle Geschäfte geschlossen.